À ma Eva adorée et sa mamie Gisèle Champeymont.

S. P.

Al mio papà, essere tua figlia è stato il più bel regalo al mondo.
(À mon papa, être ta fille est le plus beau cadeau du monde).

M. B.

Mon Papa d'amour

Samarys Polo • Monica Bauleo

GAUTIER • LANGUEREAU

« Tu m'aimes de tout ton cœur ?

demande bébé singe à son papa.

– Oh non, mon tout petit, pas seulement de tout mon cœur, je t'aime aussi de tout mon dos. »

Et le papa se retourne pour que son petit s'agrippe à ses épaules pendant que sa maman se repose.

« **Tu m'aimes de tout ton cœur ?**
demande bébé hippocampe à son papa.

– Oh non, ma toute petite, pas seulement de tout mon cœur,
je t'aime aussi de tout mon ventre,
là où tu as poussé jusqu'à ta naissance. »

Et le papa s'allonge sur le dos
pour que sa petite hippocampe rebondisse sur son bidon.

« Tu m'aimes de tout ton cœur ?
demande bébé perroquet à son papa.

– Oh non, mon poussin, pas seulement de tout mon cœur,
je t'aime aussi de toutes mes ailes. »

Et l'oiseau ouvre grand ses ailes pour abriter son petit de l'orage.

« Tu m'aimes de tout ton cœur ?
demande bébé étoile de mer à son papa.

– Oh non, ma petite étoile, pas seulement de tout mon cœur, je t'aime aussi avec mes cinq bras. »

Et le papa l'enveloppe doucement
pour la protéger du danger.

« **Tu m'aimes de tout ton cœur ?**
demande bébé paresseux à son papa.

– Oh non, mon chou, pas seulement de tout mon cœur, je t'aime aussi avec toute ma fourrure. »

Et il le serre fort contre son cœur pour l'abriter
du vent froid qui souffle dans les branches.

« Tu m'aimes de tout ton cœur ?
demande bébé jaguar à son papa.

– Oh non, ma toute petite, pas seulement de tout mon cœur, je t'aime aussi de toutes mes pattes. »

Et le gros félin lui fait des chatouilles,
et la petite ronronne de bonheur.

« Tu m'aimes de tout ton cœur ?
demande bébé crocodile à son papa.

– Oh non, mon petit amour, pas seulement de tout mon cœur,
je t'aime aussi avec mes yeux. »

Et il le regarde si tendrement
qu'une grosse larme roule sur son visage rugueux.

« **Tu m'aimes de tout ton cœur ?**
demande la petite fille à son papa.

– Oh non, ma chérie, pas simplement de tout mon cœur,
je t'aime aussi avec mes bras, mes yeux, ma peau,
mes mains, mon bidon, mon dos et de tout mon être. »

Et ils se blottissent l'un contre l'autre.

Ça donne envie de faire un gros câlin, n'est-ce pas ?